Chiesa e Società 1

EMILIA PALLADINO

# Il formato del testo

Norme metodologiche
per la compilazione elettronica dei testi
ad uso della Facoltà di Scienze Sociali
della Pontificia Università Gregoriana

Progetto grafico di copertina: Serena Aureli

Impaginazione: Scuola Tipografica San Pio X - Roma

© 2015 Pontificio Istituto Biblico
Gregorian & Biblical Press
Piazza della Pilotta 35, 00187 - Roma
www.gbpress.net - books@biblicum.com

ISBN 978-88-7839-**313**-4

## Avvertenze importanti

Quest'opera contiene le norme metodologiche *obbligatorie* con le quali redigere al computer i testi scientifici prodotti nella Facoltà di Scienze Sociali della Pontificia Università Gregoriana ed è particolarmente diretta ai suoi studenti e ai suoi docenti.

Lo stile metodologico adottato, e qui descritto, ha come riferimento l'*ASA Style* dell'*American Sociological Association* (www.asanet.org), integrato con alcune regole di altri stili simili le cui fonti bibliografiche si trovano nella sezione "Alcuni riferimenti bibliografici" alla fine di queste pagine. Inoltre, si fa presente anche che l'*ASA Style* è inserito nella gran parte dei software di automazione della gestione delle citazioni e della redazione di bibliografie (ad esempio EndNote e Zotero).

Lo stile ivi spiegato – così come l'ASA Style, appunto – fa parte dei sistemi citazionali che vanno sotto il nome di **sistemi autore-data** per i quali cioè sia nel corpo del testo, sia in Bibliografia, la citazione di una fonte bibliografica avviene utilizzando come prime informazioni il *cognome dell'autore* e la *data di pubblicazione* dell'opera. Inoltre, in questi sistemi *non sono previste note né a piè di pagina, né a fine paragrafo o capitolo.* La norma, perciò, prevede che ogni informazione che si sarebbe voluta riportare in nota, deve trovare spazio nel corpo del testo principale, tanto nel caso di argomentazioni più specifiche relative all'argomento di cui si scrive, tanto nel caso dei riferimenti alla fonte utilizzata in quella citazione particolare, sia diretta, sia indiretta. Le *Norme* seguenti, allora, hanno proprio l'obiettivo di spiegare in quale modo scrivere correttamente i riferimenti alle fonti nel corpo del testo e nella sezione della Bibliografia.

Questo manuale metodologico è diviso in due parti: una prima, nella quale sono riportate le norme generali dell'impaginazione dei testi (per quelle più specifiche si rimanda ai docenti che correggono gli elaborati degli esami o dirigono le tesi di licenza e di dottorato) e una seconda, dedicata ai riferimenti alle fonti citate. Saranno perciò analizzati alcuni tipi di fonti scientifiche – quelle ritenute di uso più comune nella Facoltà – per ciascuna delle quali di volta in volta sarà spiegata la norma del riferimento in Bibliografia e la norma del riferimento nel corpo del testo sia in termini generali, sia con esempi specifici, volti a chiarire l'applicazione della norma a opere scientifiche realmente esistenti.

Nel caso dell'uso di fonti ottenute via web – data l'enorme diffusione di Internet e la facile reperibilità di fonti elettroniche di livello scientifico – si avverte che è *normativo* il criterio per il quale *la fonte stampata è da prediligere sempre, rispetto ad ogni sua altra forma, in particolare alla sua versione online*. Per esempio, la fonte da prediligere per la traduzione italiana dell'enciclica di Giovanni Paolo II *Redemptor Hominis* (1979) è la versione contenuta nel VI capitolo dell'*Enchiridion Vaticanum. Testo ufficiale e versione italiana*, a cura del Centro Dehoniano, pubblicato in 23 volumi tra il 1980 e il 2008 alle pagine 772-887, piuttosto che la fonte online dello stesso documento che si trova all'indirizzo w2.vatican.va/content/john-paul-ii/it/encyclicals/documents/hf_jp-ii_enc_04031979_redemptor-hominis.html.

# Parte I: Il formato del testo

## 1 Il testo

*Margini della pagina*: Mantenere le impostazioni di default del programma Word (cioè cm 2 sui lati destro e sinistro e sotto; cm 2,5 sul lato alto).
*Carattere*: Times New Roman 12.
*Interlinea*: 1,15 (una e un quarto; si usa il comando di Word cui si accede dal pulsante "Interlinea e spaziatura paragrafo", oppure ponendo l'Interlinea Multipla a 1,15 nella maschera dei comandi "Paragrafo").
*Carattere per le citazioni dirette lunghe*: Times New Roman 11.
*Righe vuote sopra-sotto le citazioni dirette lunghe*: 1 riga in Times New Roman 11.
*Interlinea per le citazioni dirette lunghe (comprese le righe vuote sopra-sotto)*: 1 (singola).
*Rientro per le citazioni dirette lunghe*: 1 cm.
*Carattere per le note* (ove presenti): Times New Roman 10.
*Interlinea per le note* (ove presenti): 1 (singola).

## 2 Il titolo principale del testo

Le norme per la titolazione valgono per gli elaborati dei corsi e per le tesine di baccellierato e licenza. Per le tesi dottorali, la formattazione dell'apparato dei titoli è più complessa e va discussa con il direttore della tesi volta per volta.
*Carattere:* **Times New Roman 14 e in grassetto** (anche per i titoli "Introduzione" e "Conclusione").
*Spaziatura:* tre righe vuote sopra il titolo e sotto il titolo.
*Posizione:* centrato.

## 3 I titoli dei capitoli (ove presenti)

*Carattere:* **Times New Roman 16 e in grassetto**.
*Spaziatura:* iniziare in una nuova pagina; tre righe vuote sopra e sotto il titolo.
*Posizione:* centrato.

## 4 I titoli dei paragrafi

*Carattere:* **Times New Roman 14 in grassetto.**
*Spaziatura:* una riga vuota sopra il titolo, nessuna riga vuota sotto. Nel caso vi siano più livelli di paragrafi, a partire dal secondo livello in poi, scegliere per il carattere **Times New Roman 12 in grassetto.** Inoltre i paragrafi vanno numerati a partire dal numero 1. I livelli successivi sono (massimo fino al III livello) 1.1 e 1.1.1 rispettivamente.

## 5 Le sezioni finali

Comprendono le sezioni "Sigle e abbreviazioni", "Bibliografia", "Indice generale" ed eventuali altri elenchi finali, come ad esempio quello degli Autori.
*Carattere:* **Times New Roman 12 e in grassetto.**
*Carattere:* Times New Roman 11.
*Interlinea*: 1,15 (per l'impostazione della regola grafica si veda il par. 1 alla voce *Interlinea*).

## 6 Due esempi di indicizzazione di un testo

**Indice generale con capitoli**

Estratto dall'indice generale del libro di E. Palladino. 2013. *Laici e società contemporanea. Metodo e bilancio a cinquant'anni dal Concilio.* Assisi: Cittadella

INTRODUZIONE

*Capitolo I*
*L'ecclesiologia del Vaticano II: quadro di riferimento per l'analisi del metodo della dottrina sociale della Chiesa*

1. Tornare alle fonti del Magistero
2. La costituzione dogmatica *Lumen Gentium*
    2.1 Il mistero della Chiesa
    2.2 Il popolo di Dio: l'ecclesiologia di comunione
    2.3 L'universale vocazione alla santità

3. La costituzione pastorale *Gaudium et Spes*
   3.1 Il mondo e i segni dei tempi
   3.2 La questione antropologica
   3.3 Il dialogo con il mondo
4. I fedeli laici nel Magistero conciliare

*Capitolo II*
*Il metodo nella dottrina sociale della Chiesa*

1. La dimensione storico-pastorale della Chiesa
2. La dottrina sociale, un'espressione della Chiesa in dialogo con il mondo
   2.1 Definizione e senso teologico
   2.2 Mezzo di evangelizzazione e parte della teologia morale
3. Perché un metodo?
   3.1 Il concetto di "metodo": deduzione e induzione
   3.2 Il metodo deduttivo all'inizio della dottrina sociale
4. *Vedere-giudicare-agire*
   4.1 Le origini
   4.2 I segni dei tempi
   4.3 Le encicliche sociali giovannee e la *Gaudium et Spes*
5. La verifica e l'esperienza
   5.1 La verifica: trarre insegnamento dall'errore
   5.2 L'esperienza
   5.3 L'esperienza cristiana

SIGLE E ABBREVIAZIONI

BIBLIOGRAFIA

   Documenti del Magistero ecclesiale
   Altri testi

SITOGRAFIA

INDICE GENERALE

**Indice generale senza capitoli**

Indice del contributo di E. Palladino. 2014. "I laici: l'immensa maggioranza del popolo di Dio". Pp. 67-80 in *Evangelii gaudium: il testo ci interroga. Chiavi di lettura, testimonianze e prospettive*, a cura di H.M. Yañez. Roma: Gregorian& Biblical Press.
1. Il rapporto clerici/laici dal *Decretum Gratiani* al concilio Vaticano II
2. La definizione di laicato cattolico nella *Lumen gentium*
3. La definizione di laicato cattolico nell'*Evangelii gaudium*
   Abbreviazioni
   Bibliografia
   Indice generale


# 7 Le citazioni

## 7.1 Citazione diretta

Si ha una *citazione diretta* quando nel corpo del testo si riporta *letteralmente e per esteso* un brano tratto da una certa opera. Le citazioni dirette possono essere **brevi** o **lunghe,** se richiedono più di quattro righe per essere trascritte.
**Citazione diretta breve**: le frasi esatte estrapolate dall'opera considerata devono essere riportate tra virgolette alte ("...").

Esempio:

> L'interesse di George Simmel per i fatti di attualità "fu minimo": egli "solo di quando in quando" si prendeva la briga di commentare i fatti del giorno. Ma con un'importante eccezione: "allo scoppio della guerra Simmel si gettò nella propaganda con appassionato vigore".

**Citazione diretta lunga**: la parte estrapolata dall'opera considerata deve essere riportata integralmente ed esattamente, in modo separato e rientrato di 1 cm, con carattere con dimensione 11 pt e con spaziatura sopra e sotto di una riga ad 11 pt.

Esempio:

> Diversamente da tutti gli altri sociologi considerati in precedenza, l'interesse di Simmel per le questioni di attualità e per i problemi di ordine politico e sociale fu minimo. Solo di quando in quando, con articoli su quotidiani commentava i fatti del giorno – la medicina sociale, la posizione delle donne, la follia criminale –, ma tali interessi per i problemi dell'attualità furono per lui decisamente marginali. Vi è comunque un'eccezione importante: allo scoppio della guerra Simmel si gettò nella propaganda con appassionato vigore.

## 7.2 Citazione indiretta

Si ha una *citazione indiretta* quando nel corpo del testo ci si riferisce a concetti elaborati da altri autori in diverse opere.

Esempio:

> La notorietà di George Simmel è inoltre legata al fatto che allo scoppio della guerra si dedicò ad una propaganda importante, comportandosi diversamente dal suo normale interesse – spesse volte dichiarato – per il quale i fatti di attualità non meritavano di essere oggetto di studio e di commento, se non qualche rarissimo articolo su alcuni quotidiani locali.

# Parte II: Il sistema di riferimento citazionale in Bibliografia e nel corpo del testo e la redazione di una Bibliografia

## 1 Indicazioni iniziali

Nel seguito sono esplicitate le norme nei casi più comuni di fonti bibliografiche consultate nello studio e nella redazione di un testo di livello accademico-scientifico nella Facoltà di Scienze Sociali della Pontificia Università Gregoriana e si offrono anche indicazioni metodologiche e formali di argomento più specifico ritenute utili.

### 1.1 Uso del corsivo

Riguardo all'uso del *corsivo* generalmente si segue la norma per la quale si scrivono in *corsivo* le espressioni nelle lingue differenti da quella in cui si scrive. Ad esempio, nel caso si scriva in **italiano**, si riportano in corsivo i termini *inglesi, spagnoli, francesi*, etc. Nel caso si scriva in **inglese** i termini in corsivo sono quelli in *italiano, francese, spagnolo*, etc.
Si ricorda, inoltre, che vanno sempre in *corsivo* i termini in *latino* (per cui anche e soprattutto i titoli dei documenti del magistero ecclesiale) e i *titoli delle opere* nominate per esteso nel corpo del testo.

### 1.2 La sezione "Sigle e abbreviazioni"

Se in un testo scientifico sono state usate sigle e abbreviazioni, è ***obbligatorio** compilare una sezione* in cui si riporta **la lista di tutte le sigle e di tutte le abbreviazioni** contenute nel testo, anche quelle ritenute più ovvie (come ad esempio "p." per "pagina"). Questa sezione si intitola "Sigle e abbreviazioni" (se il testo è in italiano; altrimenti il titolo della sezione va riportato nella lingua in cui si scrive) ed è posta tra le sezioni finali del documento e in ogni caso prima della Bibliografia.

Nel definire la sigla o l'abbreviazione di una certa fonte consultata, devono essere applicate le seguenti regole generali:

- **prima regola**: bisogna usare una sigla o un'abbreviazione *se e solo se la fonte cui si riferisce è usata* **due o più volte** *nello stesso documento*;
- **seconda regola**: *se una sigla o un'abbreviazione già esiste, deve essere usata quella e non un'altra.*

Per esempio, si considerino le sigle e le abbreviazioni dei testi biblici o dei tipi di documenti del magistero. Queste non si possono inventare, ma devono essere usate quelle già compilate dal *Catechismo della Chiesa Cattolica*, disponibili alla pagina web indicata in nota. Di seguito si riportano quelle che si ritiene siano di maggior uso nella Facoltà di Scienze Sociali:

| | |
|---|---|
| AAS | *Acta Apostolicae Sedis* |
| Act | *Actio* |
| AHMA | *Analecta hymnica Medii Aevi* |
| BP | Biblioteca patristica |
| c. | *corpus* |
| CA | *Corpus apologetarum Christianorum saeculi secundi* |
| Cap. | Capitolo. |
| CCEO | *Codex Canonum Ecclesiarum Orientalium* |
| CCG | *Corpus Christianorum (Series Graeca)* |
| CCL | *Corpus Christianorum (Series Latina)* |
| Cf | *Conferatur* (confronta). |
| CIC | *Codex Iuris Canonici* (Codice di Diritto Canonico) |
| COD | *Conciliorum Oecumenicorum Decreta* |
| CSEL | *Corpus Scriptorum Ecclesiasticorum Latinorum* |
| DS | H. Denzinger-A. Schönmetzer, *Enchiridion Symbolorum definitionum et declarationum de rebus fidei et morum* |
| Ed. | Edizione. |
| Ed. Leon. | *Sancti Thomae Aquinatis Doctoris Angelici Opera omnia iussu impensaque Leonis XIII P.M. edita.* |
| Funk | F.X. Funk, *Patres apostolici*, 2 ed. |
| GCS | *Die griechischen christlichen Schrifsteller* |
| Ibid. | Ibidem |

| | |
|---|---|
| Id. | Idem |
| MGH | *Monumenta Germaniae historica* |
| MHSI | *Monumenta historica Societatis Iesu* |
| p. | pagina |
| Par. | Paragrafo. |
| PG | *Patrologia graeca* (J.P. Migne) |
| PL | *Patrologia latina* (J.P. Migne) |
| PLS | *Patrologia latina. Supplementum* |
| PTS | *Patristische Texte und Studien* |
| q | *quaestio* |
| SC | *Sources chrétiennes* |
| SPM | *Stromata patristica et medievalia* |
| TD | *Textes et documents* |
| TPL | *Textus patristici et liturgici* |

## Abbreviazioni Bibliche

| | | | | | |
|---|---|---|---|---|---|
| Ab | Abacuc | Ez | Ezechiele | 1 Mac | 1 Maccabei |
| Abd | Abdia | Fil | Filippesi | 2 Mac | 2 Maccabei |
| Ag | Aggeo | Fm | Filemone | Mc | Marco |
| Am | Amos | Gal | Galati | Mic | Michea |
| Ap | Apocalisse | Gb | Giobbe | Ml | Malachia |
| At | Atti degli Apostoli | Gc | Giacomo | Mt | Matteo |
| | | Gd | Giuda | Na | Naum |
| Bar | Baruc | Gdc | Giudici | Ne | Neemia |
| Col | Colossesi | Gdt | Giuditta | Nm | Numeri |
| 1 Cor | 1 Corinzi | Ger | Geremia | Os | Osea |
| 2 Cor | 2 Corinzi | Gio | Giona | Prv | Proverbi |
| 1 Cr | 1 Cronache | Gl | Gioele | 1 Pt | 1 Pietro |
| 2 Cr | 2 Cronache | Gn | Genesi | 2 Pt | 2 Pietro |
| Ct | Cantico dei Cantici | Gs | Giosuè | Qo | Qoelet (Ecclesiaste) |
| | | Gv | Giovanni | | |
| Dn | Daniele | 1 Gv | 1 Giovanni | 1 Re | 1 Libro dei Re |
| Dt | Deuteronomio | 2 Gv | 2 Giovanni | 2 Re | 2 Libro dei Re |
| Eb | Ebrei | 3 Gv | 3 Giovanni | Rm | Romani |
| Ef | Efesini | Is | Isaia | Rt | Rut |
| Es | Esodo | Lam | Lamentazioni | Sal | Salmi |
| Esd | Esdra | Lc | Luca | 1 Sam | 1 Samuele |
| Est | Ester | Lv | Levitico | 2 Sam | 2 Samuele |

| | | | | | |
|---|---|---|---|---|---|
| Sap | Sapienza | Tb | Tobia | 2 Ts | 2 Tessalonicesi |
| Sir | Siracide (Ecclesiastico) | 1 Tm | 1 Timoteo | Tt | Tito |
| | | 2 Tm | 2 Timoteo | Zc | Zaccaria |
| Sof | Sofonia | 1 Ts | 1 Tessalonicesi | | |

Ancora, per esempio, si vuole citare un certo rapporto del *Population Reference Bureau*, un ufficio istituzionale delle Nazioni Unite. La sigla che lo identifica ufficialmente è PRB; quindi *non si può "inventare" una sigla per questa fonte*, ma si deve usare quella già nota. Non è possibile cioè abbreviare il nome dell'istituzione con la sigla inventata "PopRefB".

La sezione "Sigle e abbreviazioni" si compila in ordine alfabetico *seguendo l'iniziale della sigla o dell'abbreviazione* e presenta due colonne: nella prima si riportano *tutte* le sigle o abbreviazioni usate nel testo, nella seconda la loro esplicitazione.

Esempi generali:

| | |
|---|---|
| CEI | Conferenza Episcopale italiana. |
| CELAM | *Consejo Episcopal latinoamericano.* |
| *DsL* | *Dizionario di spiritualità dei Laici.* |
| EV | *Enchiridion Vaticanum. Testo ufficiale e versione italiana.* |
| GS | *Gaudium et spes.* |
| ILO | *International Labour Organization.* |
| Mt. | Vangelo di Matteo. |
| p. | Pagina. |
| pp. | Pagine. |
| PP | *Populorum progressio.* |
| UNPD | *United Nations Population Division.* |

## 2 La monografia di un solo autore o curatore

La monografia di un solo autore, o curatore, è il tipo di opera più comune.

Le informazioni bibliografiche da fornire obbligatoriamente sono il *nome dell'autore* (o *del curatore*), il *titolo* e il *sottotitolo*, l'*anno di pubblicazione*, il *luogo* di edizione e la *casa editrice*.

## In Bibliografia

> Autore. Anno di pubblicazione. *Titolo. Sottotitolo (se presente)*. Numero di Edizione (se nota). Luogo di pubblicazione: Casa editrice.

Riguardo alla Casa editrice, va precisato che si omettono le parole "editrice", "editore", "edizioni", quando compaiono nel nome. Per cui, ad esempio, nel caso di alcune note case editrici italiane si avrà *sempre*: Cittadella per Cittadella Editrice, Dehoniane, oppure EDB, per Edizioni Dehoniane Bologna, Laterza per Editori Laterza, etc.

Nel caso di case editrici in altre lingue, devono essere omessi i termini analoghi a quelli visti, come ad esempio la parola *publisher* nel caso di editori anglosassoni.

- **Monografia di un solo autore**

> Abbà, G. 1989. *Felicità, vita buona e virtù: Saggio di filosofia morale*. Roma: Libreria Ateneo Salesiano.
> Perani, C. 1969. *La revisione di vita, strumento di evangelizzazione alla luce del Vaticano II*. Torino: Elle Di Ci.
> Lesina, R. 1994. *Il nuovo manuale di stile*. 2 ed. Bologna: Zanichelli.

- **Monografia di un solo curatore** (in questo caso l'opera si definisce anche *collettanea* o *collettiva*), si mette la dicitura "a cura di." se il testo è scritto in italiano (come nel caso di queste norme), altrimenti si usano i termini corrispondenti nella lingua di redazione del proprio documento.

> Arcuri, L., a cura di. 1995. *Manuale di psicologia sociale*. Bologna: Il Mulino.
> Berthold, G.C., a cura di. 1986. *Faith Seeking Understanding: Learning and the Catholic Tradition*. Manchester (USA): Saint Anselm College Press.

## Nel corpo del testo

> (CognomeAutore AnnoPubblicazione:Pagina della citazione) oppure (CognomeAutore AnnoPubblicazione:PaginaIniziale-PaginaFinale della citazione).

Esempi corrispondenti ai riferimenti bibliografici precedenti:

> (Abbà 1989:34); (Perani 1969:45-55); (Lesina 1994:56); (Arcuri 1995:30); (Berthold 1986:12).

Per chiarezza si vedano anche i seguenti esempi di citazioni:

- **Diretta breve**

> L'interesse di George Simmel per i fatti di attualità "fu minimo": egli "solo di quando in quando" si prendeva la briga di commentare i fatti del giorno. Ma con un'importante eccezione: "allo scoppio della guerra Simmel si gettò nella propaganda con appassionato vigore" (Coser 1997:241).

- **Diretta lunga**

> Diversamente da tutti gli altri sociologi considerati in precedenza, l'interesse di Simmel per le questioni di attualità e per i problemi di ordine politico e sociale fu minimo. Solo di quando in quando, con articoli su quotidiani commentava i fatti del giorno – la medicina sociale, la posizione delle donne, la follia criminale –, ma tali interessi per i problemi dell'attualità furono per lui decisamente marginali. Vi è comunque un'eccezione importante: allo scoppio della guerra Simmel si gettò nella propaganda con appassionato vigore (Coser 1997:241).

- **Indiretta**

> La notorietà di George Simmel è inoltre legata al fatto che allo scoppio della guerra non disdegnò di schierarsi con un'importante propaganda, contrariamente al suo normale interesse – spesse volte dichiarato – per il quale i fatti di attualità non meritavano di essere oggetto di studio e di commento, se non qualche rarissimo articolo su alcuni quotidiani locali (Coser 1997:241).

## 2.1 Alcune varianti per le citazioni

Se nel corpo del testo sono indicati il cognome dell'autore e/o la data di pubblicazione dell'opera, allora nel riferimento fra parentesi si inserisce *solo* il dato mancante.

Esempio:

> Coser (1997) afferma che l'interesse di George Simmel per i fatti di attualità "fu minimo": egli "solo di quando in quando" si prendeva la briga di commentare i fatti del giorno. Ma con un'importante eccezione: "allo scoppio della guerra Simmel si gettò nella propaganda con appassionato vigore" (p. 241).

Oppure:

> Secondo Coser, la notorietà di George Simmel è inoltre legata al fatto che allo scoppio della guerra non disdegnò di schierarsi con un'importante propaganda, contrariamente al suo normale interesse – spesse volte dichiarato – per il quale i fatti di attualità non meritavano di essere oggetto di studio e di commento, se non qualche rarissimo articolo su alcuni quotidiani locali (1997:241).

## 3 Più opere di uno stesso autore o curatore

È possibile che in un lavoro scientifico si citino più opere di uno stesso autore o curatore pubblicate *in anni differenti* oppure *in uno stesso anno*. Si considerano separatamente i due casi.

## 3.1 Se pubblicate in anni differenti

### *In Bibliografia*

Quando si citano opere di uno stesso autore o curatore pubblicate in anni differenti, queste devono essere inserite seguendo *l'ordine cronologico dell'anno di pubblicazione*.

A partire dal secondo riferimento in poi, il nome dell'autore è sosti-

tuito da un tratto continuo, che si ottiene premendo 5 volte sulla tastiera il simbolo "_", in modo da avere il segno "_____".
Esempio:

> Fontanelle, E.C. 1944. *Preparing for the postwar period.* Columbus, Ohio: W.C. Cartwright and Daughters.
> _____. 1952. *What really happened when the war ended.* Cleveland: Chagrin Valley Press.

***Nel corpo del testo***

> (Fontanelle 1944); (Fontanelle 1952).

*Da questo punto in poi, negli esempi si omettono le pagine solo per semplificare la scrittura.*
Si ricorda però che, nella redazione dell'elaborato accademico-scientifico, quando si usano i riferimenti nel corpo del testo, è obbligatorio mettere il numero di pagina o i numeri di pagina cui ci si riferisce nella citazione sia diretta (breve o lunga), sia indiretta.

## 3.2 Se pubblicate nello stesso anno

Quando ci si riferisce a opere di uno stesso autore pubblicate nello stesso anno, queste si distinguono tra di loro mettendo una lettera dell'alfabeto vicino all'anno di pubblicazione a partire dalla lettera "a".

- **Se si conosce il mese di pubblicazione delle opere**, allora la "a" sarà assegnata all'opera meno recente, la "b" a quella successiva, la "c" a quella successiva ancora e così via. Gli esempi chiariscono le norme.

***In Bibliografia***

> Palladino, E. 2013a. *Laici e società contemporanea. Metodo e bilancio a cinquant'anni dal Concilio.* Assisi: Cittadella Editrice.
> Palladino, E. 2013b. *Gaudium et Spes. Storia, commento, recezione.* Roma: Studium.

*Nel corpo del testo*

| |
|---|
| (Palladino 2013a) e (Palladino 2013b). |

- **Se non si conosce il mese di pubblicazione delle opere**, le lettere sono assegnate in base all'ordine alfabetico della prima lettera utile del titolo (escludendo cioè articoli e preposizioni).

Si considerino come esempio due libri di Pierpaolo Donati (un sociologo italiano), entrambi usciti nel 2008: il primo è *Perché la famiglia? Le risposte della sociologia relazionale* (pubblicato da Cantagalli, Roma), il secondo è *Oltre il multiculturalismo. La ragione relazionale per un mondo comune* (pubblicato da Laterza, Bari).

*In Bibliografia*

Dei titoli precedenti non si conosce il mese di pubblicazione, per cui la "a" si deve assegnare all'opera il cui titolo inizia per *Oltre*, la "b" al titolo che inizia con *Perché*. Sarà:

| |
|---|
| Donati, P. 2008a. *Oltre il multiculturalismo. La ragione relazionale per un mondo comune*. Bari: Laterza. |
| _____. 2008b. *Perché la famiglia? Le risposte della sociologia relazionale*. 3 ed. Roma: Cantagalli. |

*Nel corpo del testo*

| |
|---|
| (Donati 2008a); (Donati 2008b). |

## 4 L'opera ha più autori o curatori

*In Bibliografia*

Nel caso di due o più autori o curatori si deve rispettare **la regola dell'inversione del nome**: il *primo autore o curatore* deve essere citato per Cognome e Nome (anche quando si usi l'iniziale del Nome);

a partire dal *secondo autore o curatore* in poi si deve citare prima il Nome e poi il Cognome.
La congiunzione *e* si mette sempre prima dell'ultimo nome (si ricorda che se il documento è scritto in una lingua diversa dall'italiano, la congiunzione sarà "and" per l'inglese, "et" per il francese, "y" per lo spagnolo, etc.).
Gli esempi seguenti chiariscono le regole da utilizzare per riportare in Bibliografia le fonti di questo tipo.

> Negri, G. e R. Tonelli. 1971. *Linee per la Revisione di Vita. Traccia di una esperienza cristiana.* Torino: Elle Di Ci.
> Pierrard, P., M. Launay, e R. Trempé. 1984. *La J.O.C. Regards d'historiens.* Paris: Les Éditions Ouvrières.
> Aletti, M., G. Angelini, G. Mazzocato, E. Prato, F. Riva, e P. Sequeri. 2003. *La religione postmoderna.* Milano: Glossa.

## *Nel corpo del testo*

- **Nel caso di due o tre autori o curatori**, si riportano *tutti* i loro cognomi, usando la congiunzione per separare l'ultimo di questi. In riferimento agli esempi precedenti:

> (Negri e Tonelli 1971); (Pierrard, Launay e Trempé 1984).

- **Nel caso di più di tre autori o curatori**, si riporta fin dalla prima citazione il cognome del primo seguito da "et al.", abbreviazione del latino *et alii* che significa "e altri". Per l'opera dell'esempio precedente, si ha:

> (Aletti et al. 2003).

## 5 Monografia in più volumi

Opere di questo tipo hanno come caratteristiche bibliografiche proprie *l'intervallo di anni* in cui sono stati pubblicati i volumi dal primo all'ultimo (a volte anche oltre la decina) e *il numero totale di volumi* editi.

## *In Bibliografia*

Nel caso più generale possibile, i dati bibliografici da inserire per queste fonti, e la corrispondente punteggiatura da utilizzare, sono i seguenti:

> Autore/i (curatore/i). Anno di pubblicazione o intervallo degli anni in cui sono stati pubblicati i volumi. *Titolo: Sottotitolo (se presente).* Numero di volumi. Edizione (se nota). Luogo di pubblicazione: Casa editrice.

- **Se ci si riferisce all'intera opera:**

> Abbagnano, N., a cura di. 1978-2007. *Classici della filosofia.* 48 voll. Torino: UTET.
> Melloni, A., a cura di. 1995-2001. *Storia del Concilio Vaticano II.* 5 voll. Bologna: il Mulino.
> Wright, S. 1968-1978. *Evolution and the genetics of populations.* 4 voll. Chicago: Univ. of Chicago Press.

Si fa presente che l'abbreviazione per il termine volumi, "voll.", segue la lingua in cui è scritto il documento, in questo caso l'italiano; altrimenti ad esempio si abbrevia in "vols.", se si scrive in inglese, francese o spagnolo.

- **Se ci si riferisce ad un volume specifico dell'opera**, gli esempi riportano sia il caso in cui non vi siano titoli dei singoli volumi, sia il caso in cui i titoli dei volumi esistano e siano differenti:

> Latourelle, R., a cura di. 1987. Vol. 1 di *Vaticano II. Bilancio e prospettive venticinque anni dopo (1962-1987).* Assisi: Cittadella Editrice.
> Melloni, A., a cura di. 1999. *La Chiesa come comunione. Il terzo periodo e la terza intersessione (Settembre 1964-settembre 1965).* Vol. 4 di *Storia del Concilio Vaticano II,* a cura di A. Melloni. Bologna: il Mulino.
> Rulla L.M., a cura di. 2001. *Conferme esistenziali.* Vol. 2 di *Antropologia della vocazione cristiana.* 3 ed. Bologna: EDB.
> Wright, S. 1969. *Theory of gene frequencies.* Vol. 2 of *Evolution and the genetics of populations.* Chicago: Univ. of Chicago Press.

## Nel corpo del testo

La citazione di questo tipo di fonti bibliografiche nel corpo del testo dipende strettamente da quale sia il volume consultato nel quale si trova il brano cui ci si riferisce nel proprio documento. L'anno da porre vicino al cognome dell'autore, infatti, è quello di pubblicazione di *quel volume specifico*. Si avrà perciò:

> (Latourelle 1987); (Melloni 1999); (Rulla 2001); (Wright 1969).

Nel (raro) caso in cui ci si riferisca *indirettamente* a tutto il corpo dell'opera – e cioè alla pubblicazione per intero – si mette, ad esempio:

> (Abbagnano 1978-2007); (Melloni 1995-2001); (Wright 1968-1978).

## 6 Contributi in opere collettanee e atti di congressi

Le *opere collettanee* o *collettive* hanno la caratteristica di avere uno o più *curatori* che si occupano di "collezionare" saggi di autori differenti, secondo un certo criterio da loro scelto (ecco perché l'aggettivo *collettanea* o *collettiva*). Ne segue che anche gli *atti di congressi*, che raccolgono le relazioni dettate in un congresso o convegno specifici, sono semplicemente particolari opere collettanee.

## In Bibliografia

- **Se ci si riferisce all'opera intera** le norme e la punteggiatura sono:

> Curatore/i. Anno/i. *Titolo. Sottotitolo (se presente)*. Numero di volumi. Edizione (se nota). Luogo di pubblicazione: Casa editrice.

- Nella grande maggioranza dei casi, però, **si citano uno o più saggi all'interno dell'opera collettanea** che hanno un loro proprio autore (o autori) e sono compresi in uno *specifico intervallo di pagine*.
  In questo caso, allora, norma e punteggiatura hanno la forma generale:

> Autore/i. Anno. "Titolo. Sottotitolo del contributo." Pp. PaginaIniziale-PaginaFinale in *Titolo del volume* (se presente). Vol. Numero di (se presente) *Titolo. Sottotitolo dell'opera collettanea*, a cura di Curatore/i (se noto/i). Luogo di pubblicazione: Casa editrice.

- Nel caso in cui sia citato **un contributo di atti di congressi**, norma e punteggiatura generali sono:

> Autore/i. Anno. "Titolo. Sottotitolo del contributo." Pp. PaginaIniziale-PaginaFinale in *Titolo del volume*. Vol. Numero di (se presente) *Titolo. Atti del Congresso "specifico" (Luogo di celebrazione, data di celebrazione)*, a cura di Curatore/i (se noto/i). Luogo di pubblicazione: Casa editrice.

Gli esempi di seguito chiariscono le regole appena descritte e indicano anche alcune particolarità, sia nel caso di opere collettanee con più volumi (si vedano i riferimenti ai contributi di Imoda e Sampson), sia nel caso abbastanza frequente in cui non siano noti i curatori dell'opera collettanea (si veda il riferimento al contributo di Phibbs).

> Bottino, A. 1994. "«Chi compie la volontà di Dio e la mette in pratica, costui è mio fratello, sorella e madre»: Lettura in chiave mariana di una pericope evangelica." Pp. 197-215 in *La volontà di Dio nella Bibbia*, a cura di M. Lorenzani. L'Aquila: ISSRA.
> Colombo, G. 1988. "Il compito della teologia nell'elaborazione dell'insegnamento sociale della Chiesa." Pp. 27-37 in *L'insegnamento sociale della Chiesa: Atti del 58° corso di aggiornamento culturale dell'Università cattolica (Brescia, 11-16 settembre 1988)*. Milano: Vita e Pensiero.
> Imoda, F. 1997. "Lo sviluppo della relazione come contributo al discernimento." Pp. 111-153 in *Aspetti interpersonali*. Vol. 3 di *Antropologia della vocazione cristiana*, a cura di L.M. Rulla. Bologna: EDB.
> Osnos, P. 2011. "Good books/quality news: publishing and journalism in the digital age." Pp. 9-20 in *La nuova comunicazione ed i suoi effetti sull'informazione. Atti del Congresso dell'Osservatorio "Giordano Dell'Amore" sui rapporti tra Diritto ed Economia (Milano, 22-23 ottobre 2010)*, a cura del Centro Nazionale di prevenzione e difesa sociale. Milano: Giuffrè.

> Phibbs, B. 1987. "Herrlisheim: Diary of a battle." Pp. 117-163 in *The other side of time: A combat surgeon in world War II.* Boston: Little, Brown.
> Sampson, R.J. 1992. "Family Management and Child Development: Insights from Social Disorganization Theory." Pp. 63-93 in *Advances in Criminology Theory*, vol. 3 of *Facts, Frameworks, and Forecasts*, a cura di J. McCord. New Brunswick, NJ: Transaction.
> Wiens, J.A. 1983. "Avian community ecology: An iconoclastic view." Pp. 355-403 in *Perspectives in ornitology*, a cura di A.H. Brush e G.A. Clark Jr. Cambridge: Cambridge Univ. Press.

### *Nel corpo del testo*

Con riferimento agli esempi precedenti le citazioni nel corpo del testo sono:

> (Bottino 1994); (Colombo 1988); (Imoda 1997); (Osnos 2011); (Phibbs 1987); (Sampson 1992); (Wiens 1983).

# 7 Articoli su periodici

I *periodici accademici*, in inglese identificati con il termine *journal* (mentre i termini *newspaper* e *magazine* indicano rispettivamente i quotidiani e le riviste di fruizione comune) raccolgono contributi di livello scientifico – gli articoli, o *articles* – relativi ad una stessa disciplina, o area di ricerca, o argomento specifico.

Le informazioni bibliografiche che caratterizzano questa fonte – oltre ai consueti *nome* dell'*autore* e *titolo* dell'articolo – sono il *nome del periodico*, l'*anno di pubblicazione*, il *volume* e il *numero* pubblicato nel mese (se noto) e le *pagine iniziale* e *finale* dell'articolo.

### *In Bibliografia*

Norma e punteggiatura per citare queste fonti sono le seguenti:

> Autore/i. Anno. "Titolo dell'articolo." *Titolo del periodico* (luogo di pubblicazione – da indicare solo se il titolo del periodico può essere confuso con altri) Volume(numero/mese-se presente): PaginaIniziale-PaginaFinale.

Si faccia particolare attenzione all'assenza di spazio dopo ":" e prima dell'intervallo delle pagine.

Gli esempi di seguito, in cui sono integrate anche regole bibliografiche viste in precedenza, chiariscono le norme:

> Cucci, G. 2011a. "Conoscenza di sé e conoscenza di Dio." *La Civiltà Cattolica* II:213-318.
> \_\_\_\_\_. 2011b. "Il matrimonio, ultimo simbolo di eternità dell'uomo occidentale." *La Civiltà Cattolica* II:425-438.
> Filippi, V. 2010. "Divorzio: evoluzione, dimensione e tendenza attuali." *Aggiornamenti Sociali* 12:743-753.
> Liebert, E. 2008. "Discernment for our times: A Practice with Postmodern Implications." *Studies in Spirituality* 18:333-355.

***Nel corpo del testo***

Con riferimento agli esempi bibliografici precedenti, si avrà:

> (Cucci 2011:pagina/e *se presenti*); (Cucci 2011b:pagina/e); (Filippi 2010:pagina/e); (Liebert 2008:pagina/e).

## 8 Articoli su periodici elettronici

### *In Bibliografia*

Le norme da seguire sono le stesse relative agli articoli su *periodici* viste nel paragrafo precedente. In aggiunta *deve essere indicato l'indirizzo web a cui si trova la fonte* e la data del proprio accesso alla risorsa online. **Se l'accesso al testo è riservato** – cioè ad accesso esclusivo dell'utente che consulta quella fonte – questo va indicato insieme alla data di accesso.

I seguenti esempi chiariscono le norme:

> Jones, B.L., D.S. Nagin, e K. Roeder. 2001. "A SAS Procedure Based on Mixture Models for Estimating Developmental Trajectories." *Sociological Methods and Research*, 29:374-93. Accesso riservato 26.04.2005 (ejournals.ebsco.com/direct.asp?ArticleID=69FFFKJUPV24AHCUR77Q).

> Kreager, D.A., R.B Felson, C. Warner e M.R. Wenger. 2013. "Women's Education, Marital Violence, and Divorce. A Social Exchange Perspective." *Journal of Marriage and the Family* 75(3):565-581. Accesso riservato 11.07.2014
> (web.b.ebscohost.com/ehost/detail?vid=5&sid=56fa3494-0cdf-408c-be95-d59ac4b1ee4f%40sessionmgr110&hid=123&bdata=Jn-NpdGU9ZWhvc3QtbGl2ZQ%3d%3d#db=eoah&AN=30409106).
> Parnofiello, G. 2006. "Scegliere e decidere." *Ignaziana* 2:107-117. Accesso 25.09.2011
> (www.ignaziana.org/2-2006_4.pdf).
> Warr, M. e C.G. Ellison. 2000. "Rethinking social reactions to crime: Personal and altruistic fear in family households." *American Journal of Sociology* 106(3):551-78. Accesso riservato 15.06.2002
> (www.journals.uchicago.edu/AJS/journal/issues/v106n3/050125/050125.html).

Si vuole ricordare che il termine "Accesso" si usa quando il proprio elaborato è redatto in italiano; se fosse scritto in un'altra lingua, la parola va tradotta nella lingua in cui si scrive.

### *Nel corpo del testo*

Con riferimento agli esempi bibliografici precedenti, gli esempi sono:

> (Jones, Nagin e Roeder 2001); (Kreager et al. 2013); (Parnofiello 2006); (Warr e Ellison 2000).

## 9 Articoli da riviste (*magazines*) o quotidiani

### *In Bibliografia*

Gli elementi da includere nel riferimento sono disciplinati dalla seguente norma:

> Autore (se noto). Anno. "Titolo dell'articolo (se noto)." *Titolo del quotidiano*, giorno mese.

Per esempio:

> Gibbs, Nancy. 1999. "Noon in the Garden of Good and Evil: The Tragedy at Columbine Began As a Crime Story But Is Becoming a Parable." *Time*, 17 maggio.
> Goodstein, L., e W. Glaberson. 2000. "The well-marked roads to homicidal rage". New York Times, 10 aprile.
> La Repubblica. 2014. "Francesco alla Fao. 'Pane e lavoro in un sistema equo. Ambiente: Dio perdona, la terra no'". 20 novembre. Accesso 20.11.2014 (www.repubblica.it/esteri/2014/11/20/news/papa_francesco_conferenza_fao_su_malnutrizione-100995914/?ref=HRER3-1)
> New York Times. 2002. "In Texas, ad heats up race for governor". 30 luglio.

### *Nel corpo del testo*

> (Gibbs 1999:pagina/e *se presenti*); (Goodstein e Glaberson 2000:pagina/e); (La Repubblica 2014:pagina/e); (New York Times 2002:pagina/e).

## 10 Le voci di dizionari ed enciclopedie

I *dizionari* e le *enciclopedie* hanno una struttura simile, costituita dall'elenco in ordine alfabetico di numerosi termini selezionati e descritti in base all'area del sapere in cui quel dizionario o quell'enciclopedia è specializzata.

Ne segue che le informazioni bibliografiche che caratterizzano questo tipo di fonti sono il *termine consultato* (la *voce*), l'*autore* della descrizione della *voce* (non sempre presente, soprattutto nel caso dei termini enciclopedici), il *volume* (sia i dizionari, sia le enciclopedie sono spesso in molti volumi) e l'*intervallo di pagine* che contiene quella voce, la *persona*, o l'*ente* o l'*istituzione curatore* dell'opera, il *titolo generale* del dizionario o dell'enciclopedia.

Le norme per il riferimento bibliografico e nel testo differiscono a seconda dell'esistenza o meno dell'*autore* (o degli *autori*) della *voce* consultata. Nel seguito si vedono in dettaglio.

## 10.1 Se sono noti l'autore o gli autori della voce citata

*In Bibliografia*

Le norme e la punteggiatura generali sono le seguenti:

> Autore/i. Anno. "Voce." In *Titolo. Sottotitolo del dizionario o enciclopedia*, a cura di Curatore/i. Luogo di pubblicazione: Casa editrice.

Come si vede, nel riferimento in bibliografia non è necessario specificare le pagine, a causa dell'ordine alfabetico in cui sono ordinate le voci contenute nei dizionari e nelle enciclopedie. Esempi:

> Accorinti, M. 2009. "Sociologia della comunicazione." In *Dizionario della comunicazione*, a cura di D.E. Viganò. Roma: Carocci.
> Botturi, F. 2004. "Ideologia." In *Dizionario di Dottrina Sociale della Chiesa. Scienze sociali e magistero*, a cura del Centro di Ricerche per lo Studio della dottrina sociale della Chiesa. Milano: Vita e pensiero.
> Isaacson, M. 2005. "Bulls." In *Encyclopedia of Chicago*, a cura di J.L. Reiff, A.D. Keating e J.R. Grossman. Chicago Historical Society.

*Nel corpo del testo*

In base agli esempi precedenti, i riferimenti nel corpo del testo sono:

> (Accorinti 2009, s.v. "sociologia della comunicazione"); (Botturi 2004, s.v. "ideologia"); (Isaacson 2005, s.v. "bulls").

La sigla "s.v." sta per *sub verbo*, un'espressione latina che significa "sotto la voce".

## 10.2 Se non sono noti l'autore o gli autori della voce citata

*In Bibliografia*

In questo caso è come se l'autore della voce citata sia lo stesso dizionario o la stessa enciclopedia, per cui il riferimento in bibliografia ha la forma:

> *Titolo del dizionario o enciclopedia*, a cura di Curatore/i (se presente/i). Anno. S.v. "Voce." Luogo di pubblicazione: Casa editrice.

Gli esempi seguenti chiariscono le norme:

> *Dizionario di filosofia*, a cura di N. Abbagnano. 1998. S.v. "Deduzione." Torníno: UTET.
> *Enciclopedia medica italiana*. 1951. S.v. "Cervello." Firenze: Sansoni.
> *Grande dizionario della lingua italiana*, a cura di S. Battaglia. 1978-2008. S.v. "Consiglio." Torino: UTET.

***Nel corpo del testo***

Così come in tutti i casi visti fin qui, la forma del riferimento bibliografico suggerisce la forma del riferimento nel corpo del testo; tuttavia si omette l'anno di pubblicazione dell'opera (molte infatti sono in più volumi e non interessa l'anno di uscita di ogni singolo volume, ma eventualmente solo il numero di edizione, che però si riporta solo in Bibliografia).
Per cui in base agli esempi precedenti, i riferimenti sono:

> (*Dizionario di filosofia*, s.v. "deduzione"); (*Enciclopedia medica italiana*, s.v. "cervello"); (*Grande dizionario della lingua italiana*, s.v. "consiglio").

## 10.3 Se i dizionari e le enciclopedie consultati sono online

In questo caso le norme sono le stesse appena viste per le opere a stampa, ma solo in Bibliografia si devono aggiungere la data di accesso al sito e l'indirizzo web.
Si considerano quindi gli esempi sia nel caso in cui sia presente l'autore della voce citata, sia nel caso in cui non sia presente.

***In Bibliografia***

> *L'Enciclopedia Italiana Treccani*. S.v. "Filosofia." Accesso 03.10.2014 (www.treccani.it/enciclopedia/filosofia/)
> Strumia, A. 2002. "Analogia." In *Dizionario Interdisciplinare di Scienza e Fede*. Accesso 03.10.2014 (www.disf.it/analogia).

*Nel corpo del testo*

> (*L'enciclopedia italiana Treccani*, s.v. "filosofia"); (Strumia 2002, s.v. "analogia").

## 11 Citazioni dei classici

Per i *classici* – cioè tutte quelle fonti antiche o medioevali delle quali si conoscono i frammenti, pubblicate prima dell'invenzione della stampa moderna, oppure fonti moderne ma antecedenti al XIX secolo, cioè alla diffusione dell'editoria contemporanea – la tipologia delle norme dei riferimenti in Bibliografia e nel corpo del testo varia a seconda della *conoscenza o meno dell'anno di pubblicazione dell'opera*. Fanno parte di questo gruppo le opere, ad esempio, di Aristotele, Agostino, Machiavelli, Locke, Spinoza, Tommaso, etc.

### 11.1 Opere di cui si conosce l'anno di pubblicazione dell'originale

*In Bibliografia*

Le norme e la punteggiatura generali sono le seguenti:

> Autore/i. Anno di pubblicazione dell'edizione consultata (anno di pubblicazione dell'opera). *Titolo. Sottotitolo* (se presente), a cura di Curatore/i. Luogo di pubblicazione: Casa editrice.

Si considerino i seguenti esempi:

> Machiavelli, N. 1986 (1532). *Il principe*, a cura di T. Albarani. Milano: Mondadori.
> Spinoza, B. 2007 (1677). *Etica*, a cura di G. Gentile e G. Radetti. Milano: Bompiani.

*Nel corpo del testo*

Nel riferimento nel corpo del testo si riporta autore, titolo dell'opera e si omette sia l'anno di pubblicazione dell'edizione consultata, sia l'anno di pubblicazione dell'opera originale (a meno che non siano necessari per chiarezza, in funzione del tema del proprio documento). Al posto delle pagine devono essere riportate le divisioni (sezioni, paragrafi, parti, frammenti) con le numerazioni appropriate (numeri arabi, romani, letterali) del testo classico originale. Gli esempi chiariscono le norme:

> (Machiavelli, *Il principe*: IX); (Spinoza, *Etica*: parte II, I, assioma 4).

Nel caso in cui gli autori dei classici siano già stati menzionati nel testo, allora è sufficiente mettere:

> (*Il principe*: IX); (*Etica*: parte II, I, assioma 4).

## 11.2 Opere di cui non si conosce l'anno di pubblicazione dell'originale

Fanno parte di questo gruppo i classici latini e greci e le opere dei padri della Chiesa. Si seguono le stesse norme del caso precedente, ma si omette evidentemente l'informazione sull'anno di pubblicazione dell'originale. Gli esempi chiariscono norme e punteggiatura.

### *In Bibliografia*

> Agostino. 1978. *De Civitate Dei. La città di Dio*, a cura di A. Trapè. 3 voll. Roma: Città Nuova.
> Aristotele. 1991. *Politica*, a cura di R. Laurenti. Roma: Laterza.
> Tommaso d'Aquino. 1996. *Summa theologiae*, a cura della redazione di Studio Domenicano. Bologna: ESD.

### *Nel corpo del testo*

> (Agostino, *De Civitate Dei*: XII, 27), (Aristotele, *Politica*: 1253a 3); (Tommaso, *Sum. Th.*: I-II, 95, 4).

## 12 Le fonti online (Internet)

Oggi una delle risorse più estese e importanti di informazioni è Internet. Qui però si parla delle *fonti online di livello* scientifico adatte cioè ad essere citate in un lavoro accademico e che rispondono a caratteristiche di *affidabilità* e *validità* – ad esempio gli articoli di note riviste o quotidiani, siti conosciuti a livello internazionale e/o che si occupano di determinate ricerche e servizi, etc. – e che costituiscono *solo una parte* delle informazioni reperibili via web.

Per questo motivo non devono *mai* essere citati gli articoli di Wikipedia (o di siti analoghi) o di blogger (su piattaforme come WordPress, Blogspot, Tumblr, Altervista, etc.) o di siti personali: non sono fonti scientifiche.

Per lo stesso motivo non possono essere citati in un elaborato scientifico gli stati, i commenti o i link che si leggono sui *social network*, come ad esempio Facebook, Twitter, LinkedIn, Path, Instagram.

L'unica *eccezione possibile* è che un testo di ricerca abbia come oggetto di studio proprio una o più di queste fonti particolari.

Data la grande varietà delle tipologie di fonti che sono reperibili online (documenti in PDF, articoli di periodici accademici disponibili solo in internet, articoli web su siti istituzionali, documenti ufficiali e articoli scientifici non scaricabili in PDF) è essenziale raccogliere di ogni fonte consultata sia le caratteristiche bibliografiche "classiche" disponibili, sia le caratteristiche bibliografiche "proprie". Queste sono:

- **Caratteristiche bibliografiche "classiche"**: autore, titolo, data di pubblicazione.
- **Caratteristiche bibliografiche "proprie"**:
  - ente, organismo, istituzione, testata giornalistica, portale, etc. che ospita sul proprio sito web la fonte che si vuole citare (documento in PDF, articolo, web-page, etc.),
  - l'indirizzo web esatto che riporta alla fonte citata,
  - la data di consultazione di quella pagina, detta *di accesso*.

Tra le caratteristiche classiche mancano *quasi sempre* – anche nel caso di documenti in PDF, a meno che non siano pubblicazioni voluminose e dettagliate (i *report*) – la *numerazione delle pagine* o/e la *divisione in paragrafi* della fonte consultata. Al contrario, le caratteristiche proprie (sito di provenienza, indirizzo web e data di accesso) sono sempre reperibili.

## 12.1 Sono note tutte le informazioni bibliografiche classiche della fonte online

Questo significa che si conosce *autore, titolo, data di pubblicazione* e *nome del "titolare" del sito web* della fonte consultata. È il caso ad esempio degli articoli dei quotidiani online.

### *In Bibliografia*

Autore/i. Anno di pubblicazione. "Titolo. Sottotitolo (se presente)." Sito ospitante. Giorno/mese di pubblicazione (se presente). Data (se presente). Accesso
(indirizzo web)

Gli esempi chiariscono le norme.

Sangeroct, D.E. 2014. "Explosion at Key Military Base in Iran Raises Questions About Sabotage." The New York Times. 9 ottobre. Accesso 10.10.2014.
(www.nytimes.com/2014/10/10/world/explosion-at-key-military-base-in-iran-raises-questions-about-sabotage.html?ref=world&_r=0)
Tornielli, A. 2014. "Il Papa, il Sinodo e quei giovani che non si sposano." Vatican Insider. 6 ottobre. Accesso 10.10.2014.
(vaticaninsider.lastampa.it/inchieste-ed-interviste/dettaglio-articolo/articolo/sinodo-famiglia-36750/).

### *Nel corpo del testo*

(Sangeroct 2014:online); (Tornielli 2014:online).

# IL FORMATO DEL TESTO

Con la parola "online" si intende supplire all'assenza della numerazione di pagina caratteristica delle fonti web.

## 12.2 Non è noto l'autore, né la data di pubblicazione della fonte

L'esempio seguente chiarisce le norme da usare in questo caso nei dettagli.
Nel caso di una ricerca sul riscaldamento globale si desidera citare un particolare articolo nel sito del *Natural Resources Defens Council* (www.nrdc.org) una delle più importanti organizzazioni degli Stati Uniti in materia di ecologia ambientale. La pagina in questione appare così come nell'immagine seguente.

Come si vede l'articolo ha un titolo (*An Introduction to Climate Change*) e un sottotitolo (*What it could mean to you and your family*), ha una data di pubblicazione (a fondo pagina compare l'espressione "last revised 11/8/2011"), ma *non ha un autore specifico*, ed evidentemente *non ha numeri di pagine*.

## In Bibliografia

Al posto dell'autore si riporta l'ente o l'organizzazione responsabile della pubblicazione dell'articolo che si intende citare:

> Ente responsabile. Anno di revisione (se presente). "Titolo. Sottotitolo." Ente proprietario del sito (nel caso in cui sia lo stesso ente posto come autore, si omette). Data (se presente). Data di accesso.
> (indirizzo web)

Nel caso dell'esempio:

> Natural Resources Defense Council. 2011. "An Introduction to Climate Change. What it could mean to you and your family." 11 novembre. Accesso 09.07.2014.
> (www.nrdc.org/globalwarming/climatebasics.asp)

## Nel corpo del testo

> (Natural Resources Defense Council 2011:online).

Se manca anche la data di pubblicazione dell'articolo consultato via web, allora semplicemente si omette il riferimento tanto in bibliografia, quanto nel corpo del testo.

Infine, se la fonte precedente fosse citata due o più volte all'interno del documento andrebbe abbreviata come di seguito:

> la prima citazione – (Natural Resources Defense Council, NRDC 2011:online);
> dalla seconda citazione – (NRDC 2001:online).

## 13 I documenti del Magistero ecclesiale

I documenti del Magistero della Chiesa sono riconoscibili dal loro *autore* e dal *tipo*, insieme al *titolo* e al *giorno/mese/anno* in cui sono stati emanati. Quelli che *più comunemente* si citano in testi della Facoltà di Scienze Sociali della PUG sono:

• I documenti dei *concili ecumenici*: soprattutto costituzioni e decreti;

# IL FORMATO DEL TESTO

- I documenti dei *Papi*: generalmente encicliche, esortazioni apostoliche, lettere apostoliche, lettere, messaggi, discorsi, omelie, udienze;
- I documenti del *Sinodo dei Vescovi*;
- I documenti degli organismi della *Curia Romana*, le *Congregazioni*, i *Tribunali*, i *Pontifici Consigli*, le *Accademie Pontificie* e le *Pontificie Commissioni*;
- I documenti delle *Conferenze Episcopali nazionali* e dei *Vescovi*.

## *In Bibliografia*

I documenti del Magistero devono essere riportati in Bibliografia usando le seguenti norme:

---

Autore. Anno di pubblicazione. *Tipo titolo*. Data di pubblicazione (giorno mese). "Fonte".

---

La "fonte" qui indicata si riferisce alla specifica tipologia di fonte bibliografica consultata. In genere le fonti dei documenti del magistero ecclesiale sono di *tre tipologie: a stampa in originale, a stampa in lingua corrente,* o *da sito web ufficiale*. Si ricorda che tanto più nel caso specifico dei documenti ecclesiali, vale la norma generale per la quale sono da preferire le fonti a stampa laddove presenti, rispetto a quelle online.

Si consideri un esempio per ciascuna tipologia di fonte, nel caso della Costituzione pastorale del concilio Vaticano II, *Gaudium et spes* emanata il 7 dicembre 1965.

- **A stampa in originale:** è il caso delle pubblicazioni ufficiali della Santa Sede che si usano solo quando interessa l'originale del documento e perciò la lingua in cui è stato emanato (latino, italiano, inglese, spagnolo, francese, tedesco, etc.).
  Il riferimento ha la forma:

---

Concilio Vaticano II. 1965. *Costituzione pastorale Gaudium et spes*. 7 dicembre. AAS 58:1025-1115.

---

L'abbreviazione AAS si riferisce agli *Acta Apostolicae Sedis*, la pubblicazione ufficiale della Santa Sede, della quale sono disponibili tutti i volumi in formato digitale (PDF) all'indirizzo web www.vatican.va/archive/aas/index_it.htm.
Evidentemente nella sezione "Sigle e abbreviazioni" sarà presente anche l'abbreviazione AAS e la sua dicitura completa.

- **A stampa nella lingua corrente**, quella cioè in cui si scrive:

> Concilio Vaticano II. 1965. *Costituzione pastorale Gaudium et spes.* 7 dicembre. *EV* I:770-965.

L'abbreviazione *EV* I si riferisce al volume del 1971 curato dal Centro Dehoniano, *Enchiridion Vaticanum. Documenti. Il Concilio Vaticano II* (Bologna, EDB) in cui sono riportati tutti i documenti del Concilio nella versione latina e nella traduzione in *italiano*. Tra le pagine 770 e 965 è presente la traduzione in italiano della *Gaudium et spes*.
Evidentemente nella sezione "Sigle e abbreviazioni" sarà presente anche l'abbreviazione *EV* I e la sua dicitura completa.

- **Via web dal sito ufficiale della Santa Sede, www.vatican.va** (in questo caso esistono i link alle versioni in altre lingue del documento magisteriale), oppure dai siti ufficiali delle conferenze episcopali nazionali, o delle diocesi. In questo caso è fondamentale che i siti in cui si trovano i testi dei documenti siano i **siti ufficiali**, cioè ***propri dell'istituzione a cui si riferiscono***: *non sono accettati riferimenti web ad altri siti anche se riportano fedelmente il testo del documento nella lingua corrente desiderata.*

> Concilio Vaticano II. 1965. *Costituzione pastorale Gaudium et spes.* 7 dicembre. Accesso 31.10.2014
> (www.vatican.va/archive/hist_councils/ii_vatican_council/documents/vat-ii_const_19651207_gaudium-et-spes_it.html)

# IL FORMATO DEL TESTO

**Se i documenti del Magistero sono pubblicati nello stesso anno e dallo stesso autore**

In questo importante caso, si segue *l'ordine cronologico stabilito dal giorno della pubblicazione*, quindi *non si mette la lettera alfabetica dopo l'anno*, come ad esempio 2007a, 2007b, 2007c, etc. Gli esempi di seguito chiariscono le norme:

> Giovanni Paolo II. 1979. *Lettera enciclica Redemptor Hominis*. 4 marzo. *EV* VI:772-887.
> ―――――. 1979. *Omelia a Mogila*. 9 giugno. Accesso 28.10.2014 (www.vatican.va/holy_father/john_paul_ii/homilies/1979/documents/hf_jp-ii_hom_19790609_polonia-mogila-nowa-huta_it.html)
> Paolo VI. 1975. *Esortazione apostolica Gaudete in Domino*. 9 maggio. *EV* V:762-815.
> ―――――. 1975. *Esortazione apostolica Evangelii Nuntiandi*. 8 dicembre. *EV* V, 1008-1125.

Le abbreviazioni *EV* V e *EV* VI stanno per il 5 e il 6 capitolo dell'*Enchiridion Vaticanum. Testo ufficiale e versione italiana*, a cura del Centro Dehoniano in 23 volumi, pubblicati tra il 1980 e il 2008.

*Nel corpo del testo*

I documenti del Magistero si identificano riferendosi sia all'*autore*, sia al *titolo* sia alla *data di emanazione*. Tuttavia esistono alcune differenze per il riferimento nel corpo del testo ai documenti ecclesiali dipendenti dal fatto *se esista un'abbreviazione comunemente utilizzata* del documento o *non esista*. Si trattano separatamente.

- **Se esiste un abbreviazione nota per il documento.**

In questo caso, la prima citazione riporta tutti i dati, con l'abbreviazione del documento (la fonte deve essere citata almeno due volte all'interno del proprio testo per giustificare l'uso dell'abbreviazione), insieme al numero/i citato/i direttamente o indirettamente. Più schematicamente la norma è la seguente:

> la prima citazione – (Autore, *TitoloDocumento*, ABBREV DataEmanazione:numero/i);
> dalla seconda citazione – (ABBREV:numero/i).

Gli esempi nel seguito chiariscono la regola.
Si consideri una citazione diretta dalla *Gaudium et spes*:

> Una così rapida evoluzione, spesso disordinatamente realizzata, e la stessa presa di coscienza sempre più acuta delle discrepanze esistenti nel mondo, generano o aumentano contraddizioni e squilibri. Anzitutto a livello della persona si nota molto spesso lo squilibrio tra una moderna intelligenza pratica e il modo di pensare speculativo, che non riesce a dominare né a ordinare in sintesi soddisfacenti l'insieme delle sue conoscenze (Concilio Vaticano II, *Gaudium et spes*, GS 1965:8).

In definitiva si avrà:

> la prima citazione – (Concilio Vaticano II, *Gaudium et spes*, GS 1965:8);
> dalla seconda citazione (il documento è molto noto e si può omettere l'anno) – (GS:...).

Riguardo alle abbreviazioni da usare, va precisato che proprio perché molto note e di uso corrente in ambiente scientifico, si devono riferire quelle e *non si possono inventare*. Ad esempio, la già vista GS per la *Gaudium et spes*, LG per la *Lumen gentium* (entrambe del Concilio Vaticano II), MM per la *Mater et magistra* (di Giovanni XXIII), CV per la *Caritas in veritate* (di Benedetto XVI), EG per l'*Evangelii gaudium* (di Francesco).

• **Se non esiste un abbreviazione nota per il documento.**

È il caso, ad esempio, delle udienze, dei discorsi, delle omelie papali, oppure dei documenti delle conferenze episcopali nazionali, delle lettere pastorali dei vescovi locali, dei documenti degli uffici diocesani,

etc. Questi sono meno conosciuti e quindi non hanno una sigla universalmente nota.
Si consideri, per esempio, l'Udienza generale di Paolo VI del 17 gennaio 1973:

> la prima citazione – (Paolo VI, Udienza generale 17 gennaio 1973);
> dalla seconda citazione – (Udienza 17 gennaio 1973).

Come si vede nel caso dell'esempio è bene indicare anche il giorno dell'udienza (soprattutto se è citata insieme ad altri documenti del Magistero emanati nello stesso anno, in questo caso il 1973), mentre non sono indicati i numeri della citazione, in quanto il tipo di documento – l'udienza generale, appunto – non ne presenta.
Si consideri ancora l'esempio del documento della Conferenza Episcopale italiana, "Comunicare il Vangelo in un mondo che cambia. Orientamenti pastorali dell'Episcopato italiano per il primo decennio del 2000" pubblicato nel 2001. Si dovrà porre:

> la prima citazione – (Conferenza episcopale italiana, "Comunicare il Vangelo in un mondo che cambia" 2001:38);
> dalla seconda citazione – (Comunicare il Vangelo 2001).

Si fa notare che il titolo del documento è riportato *senza sottotitolo*.
Si consideri infine il discorso di apertura dell'Assemblea della Conferenza episcopale francese di novembre 2014 dell'arcivescovo di Marsiglia Georges Pontier, suo presidente. Si avrà:

> la prima citazione – (Pointer, *Discours d'ouverture* 2014:2);
> dalla seconda citazione – (*Discours d'ouverture* 2014:...)

Si fa presente che l'uso del corsivo è giustificato dal fatto che il titolo del documento citato è in francese, mentre le norme sono scritte in italiano (si veda il paragrafo 1.1 a p. 7).
Per completezza in Bibliografia la fonte si mette come segue:

> Pontier, G. 2014. *Discours d'ouverture. Assemblée Plénière de novembre de la Conférence des évêques de France*. 4 novembre. Accesso 18.11.2014 (www.eglise.catholique.fr/wp-content/uploads/sites/2/2014/11/ouverture_ap.pdf).

## 14 Le opere in lingua diversa da quella del proprio documento

La consultazione e la citazione (diretta o indiretta) di opere in lingua differente da quella in cui si scrive un elaborato rappresentano *la normalità dello studio accademico*.

Le opere scritte in lingua differente da quella in cui si scrive si distinguono solitamente in due grandi gruppi: il primo comprende quelle opere che sono state tradotte *ufficialmente* in quella lingua, il secondo comprende quelle opere che invece *non sono state tradotte* in quella lingua.

Un terzo gruppo particolare è costituito da quelle opere che non sono state scritte usando l'alfabeto latino, ma altri alfabeti come quello greco, arabo, cinese, coreano, cirillico.

Le norme per il riferimento ad una fonte di questo tipo sono differenti per il primo, il secondo e il terzo gruppo; le si descrivono separatamente nel dettaglio.

### 14.1 Se esistono le traduzioni a stampa delle opere consultate

In questo caso sono disponibili i dati bibliografici sia dell'opera originale, sia dell'edizione tradotta nella lingua dello scrivente e normalmente nel corpo del testo sarà citata quest'ultima.

#### *In Bibliografia*

La pubblicazione da mettere per prima è quella in lingua originale; poi va messo il riferimento alla pubblicazione tradotta riportando le informazioni bibliografiche per la fonte corrispondente precedute dalla dicitura "trad. it.", se la traduzione consultata è in italiano. Per le altre lingue si usino le espressioni corrispondenti: ad esempio, "eng. trans." per l'inglese; "trad. fr." per il francese etc.

> Annas, J.E. 1993. *The morality of happiness*. Oxford: Oxford Univ. Press; trad. it. *La morale della felicità. In Aristotele e nei filosofi dell'età ellenistica*. Milano: Vita e Pensiero. 1998.
> Bailey, K. P. 1982. *Methods of Social Research*. 2 ed. New York: The Free Press; trad. it. *Metodi della ricerca sociale*. Bologna: Il Mulino. 1985.
> Chenu, M.-D. 1964. *L'Évangile dans le temps*. Paris: Cerf; trad. it. *Il Vangelo nel tempo*. Roma: AVE. 1968.
> Darwin, C. 1872. *The expression of the emotions in man and animals*. Chicago: University of Chicago Press; trad. it. *L'espressione delle emozioni*. Torino: Bollati Boringhieri. 1982.
> Merton, T. 1957. *No man is an island*. New York: Dell Publishing Company; trad. it. *Nessun uomo è un'isola*. Milano: Garzanti. 1957.

## *Nel corpo del testo*

Citando gli stessi riferimenti bibliografici di cui sopra si avrà, in modo consistente e intuitivo:

> (Annas 1993; trad. it. 1998:231); (Bailey 1982; trad. it. 1985:286); (Chenu 1964; trad. it. 1968:55); (Darwin 1872; trad. it. 1982:123); (Merton 1957; trad. it. 1957:189).

I numeri delle pagine sono messi qui solo a titolo di esempio, in modo da rendere più chiara la regola da applicare.

## 14.2 Se non esistono traduzioni dell'opera nella lingua voluta

Prima di tutto il passaggio che si intende citare **deve essere tradotto nella lingua del documento**.
Si consideri ad esempio un testo di Yves Congar del 1970, *L'Église. De saint Augustine à l'époque moderne* mai tradotto in italiano e del quale si vogliono citare direttamente alcune righe.

*In Bibliografia*

Quando si devono offrire traduzioni proprie (cioè nella lingua dello scrivente) di opere pubblicate solo in lingua originale e mai tradotte, si deve procedere secondo due regole.

1. **Dopo il titolo della sezione "Bibliografia", deve essere inserita una nota a piè di pagina** in cui si riporta il seguente testo in italiano:

> In questo lavoro, per i testi non tradotti in italiano si offre una nostra traduzione.

Se la lingua di chi scrive non è l'italiano, allora questa espressione deve essere tradotta in quella lingua. La frase è valida *per ogni riferimento tradotto propriamente e presente in bibliografia*.

2. **Per la citazione in Bibliografia si usano le norme adatta a quel tipo di fonte**. In questo caso è una monografia di un solo autore (si veda a p. 10) e quindi si mette:

> Congar, Y. 1970. *L'Église: De saint Augustine à l'époque moderne*. Paris: Cerf.

*Nel corpo del testo*

Il riferimento nel corpo del testo segue le norme adatta a quel tipo di fonte. Nel caso dell'esempio si ha una monografia di un solo autore e quindi una citazione diretta breve tradotta dal francese in italiano ha la forma:

> "Il Concilio, si è detto giustamente, ha operato un ricentramento verticale su Cristo e un decentramento orizzontale sulla comunità e sul popolo di Dio" (Congar 1970:473).

## 14.3 Opere in alfabeti differenti da quello latino

La regola principale da utilizzare in questo caso è che *ogni informazione bibliografica dell'opera scritta in alfabeto non-latino deve essere riportata in alfabeto latino.*

## IL FORMATO DEL TESTO

Questa norma è la prima da applicare; ad essa poi segue quella relativa alla tipologia di fonte (se cioè l'opera ha una traduzione a stampa ufficiale o ne sia sprovvista) e infine quella relativa a quale categoria la fonte appartenga (se sia una monografia, un saggio di opera collettiva, un articolo scientifico, una webpage, etc.).

Si pensi allora di citare le seguenti fonti scritte in alfabeti differenti da quello latino e di cui si è in grado di tradurne propriamente delle parti in italiano, lingua in cui si scrive il testo.

- Un rapporto (*report*) del Centro di Statistica nazionale dell'Iran, scritto in persiano, il cui riferimento originale ha la forma:

> مرکز آمار ایران. 1376. نتایج سرشماری از خانواده های با صنعتی، 1375. تهران

(si fa presente che la cronologia annuale araba è differente da quella latina).

- Un manuale di sociologia del cristianesimo scritto in greco il cui riferimento originale ha la forma:

> Μαντζαρίδης, Γεώργιος. 1999. Κοινωνιολογία του Χριστιανισμού. Θεσσαλονίκη:Πουρνάρας.

- Un testo cinese sui tipi di tè i cui riferimenti originali hanno la forma:

> 陈宗懋等. 2012. *品茶图鉴-214种茶叶，茶汤，叶底原色图片*. 南京: 译林出版社.

Nel seguito si riportano le norme citazionali corrette per i tre casi precedenti (persiano, greco, cinese).

### In Bibliografia

> Centro di Statistica dell'Iran. 1997. *Natayej-e amargiri az khanevarhay-e daray-e fa'aliyyat ha-ye san'ati, 1375* (I risultati del censimento delle famiglie con attività industriali, 1996). Teheran.
> Mantzaridis, G. 1999. *Koinoniologhia tou Christianismou* (Sociologia del Cristianesimo). Thessaloniki: Pournaras.

> Zōngmào, Chén *et al.* 2012. *Pǐn chá tú jiàn - èr bǎi yī shí sì zhǒng chá yè, chá tāng, yè dǐ yuán sè tú piàn* (Libro illustrato del tè – Schede illustrate di 214 tipi di tè: foglia, colore e fondo). Nanjing: Yi Lin.

*Nel corpo del testo*

> (Centro di Statistica dell'Iran 1997); (Mantzaridis 1999); (Zōngmào 2012).

## 15 Enti e Istituzioni come autori e curatori

Alcune fonti citate in lavori scientifici sono pubblicate da enti e istituzioni che vi compaiono anche come autori. È il caso, ad esempio, dei rapporti pubblicati dai differenti uffici delle Nazioni Unite.

Le norme dei riferimenti bibliografici e nel corpo del testo sono quelle del tipo di pubblicazione specifica da parte dell'ente o istituzione che ne è l'autore e lo si vedrà chiaramente negli esempi proposti.

Tuttavia c'è una differenza dovuta al fatto che spesso, nel caso degli Enti e delle Istituzioni, esistono **abbreviazioni ufficiali** – e spesso molto note – dei loro nomi interi che vanno usate quando le citazioni a queste fonti sono numerose (due o più). Ad esempio, l'*International Labour Office* è l'ILO, la *Conferenza episcopale italiana* è la CEI, la *World Health Organization* è la WHO e così via. Si ricorda che ogni sigla e/o abbreviazione utilizzata nel testo *deve essere riportata* nella sezione "Sigle e abbreviazioni".

*In Bibliografia*

È opportuno riportare i nomi delle Istituzioni e degli Enti per esteso, senza aggiungere la sigla o l'abbreviazione, già presente nella sezione "Sigle e abbreviazioni". Gli esempi di seguito chiariscono le norme.

Centro di ricerca Innocenti dello *United Nations Children's Fund*. 2001. *Il matrimonio precoce*. Firenze: Centro di Ricerca Innocenti.

Conferenza Episcopale Italiana. 2001. "Comunicare il Vangelo in un mondo che cambia. Orientamenti pastorali dell'Episcopato italiano per il primo decennio del 2000." *Notiziario della Conferenza Episcopale italiana* 5:127-178.

Consejo Episcopal Latinoamericano. 2012. *Plan Global y Programas 2011-2015*. Bogotà: Secretaría General del CELAM.

International Labour Organization. 2010. *World of Work Report 2010. From one crisis to the next?* International Institute for Labour Studies. Accesso 11.07.2014 (www.ilo.org/public/portugue/region/eurpro/lisbon/pdf/worldwork_2 010.pdf)

World Health Organization. 2002. *World Report on Violence and Health*. Geneva: WHO Press, World Health Organization; trad.it. *Violenza e salute nel mondo: Rapporto dell'Organizzazione Mondiale della Sanità*. Milano: CIS. 2002.

United Nations Children's Fund e World Health Organization. 2012. *Progress on drinking water and sanitation: 2012 update*. Accesso 02.04.2012 (whqlibdoc.who.int/publications/2012/9789280646320_eng_full_text.pdf)

United Nations Development Programme. 2011. *Human Development Report 2011. Sustainability and Equity: A Better Future for All*. New York: United Nations Development Programme. Accesso 11.07.2014 (hdr.undp.org/sites/default/files/reports/271/hdr_2011_en_complete.pdf)

United Nations Population Division. 2002. *World Population Prospects: The 2002 Revision. Highlights*. United Nations publications. Accesso 11.07.2014 (www.un.org/esa/population/publications/wpp2002/WPP2002-HIGHLIGHTSrev1.PDF)

## *Nel corpo del testo*

La prima volta che si riporta come fonte un documento pubblicato da un'istituzione, un organismo, un ente, etc., deve essere messo *per esteso il nome dell'istituzione*, insieme alla *sigla* che si intende usare da lì in poi, ogni volta che si citi quella stessa fonte.

Si vuole citare il *Report* del 2010 dell'*International Labour Office* (tra gli esempi precedenti). Si dovrà scrivere:

> la prima citazione – (*International Labour Organization*, ILO 2010);
> dalla seconda citazione– (ILO 2010).

Altri esempi sono i seguenti:

> la prima citazione – (*United Nations Population Division*, UNPD 2002); (*Consejo Episcopal latinoamericano*, CELAM 2012); (Conferenza Episcopale italiana, CEI 2001);
> dalla seconda citazione – (UNPD 2002); (CELAM 2012); (CEI 2001).

## 16 Alcuni casi particolari di citazioni nel corpo del testo

### 16.1 Riferimenti plurimi

Quando nel corpo del testo ci si riferisce ai contenuti di più opere si inseriscono tutti i loro riferimenti separati dal punto-e-virgola ";". L'ordine – da fissare una volta per tutte per il resto del proprio documento per il criterio della **coerenza metodologica interna** – può essere:
• **cronologico** secondo l'anno di pubblicazione dell'opera:

> (Perani 1969; Negri e Tonelli 1971),

• **alfabetico** secondo l'iniziale del cognome del primo autore:

> (Negri e Tonelli 1971; Perani 1969).

### 16.2 I passi biblici

Si usano le stesse regole della "forma base" della citazione nel corpo del testo, ma le informazioni da inserire fra parentesi tonde sono *l'abbreviazione usuale* del libro della Bibbia citato (si vedano le tabelle a p. 7) e *capitolo* e *versetti* citati. L'esempio con citazione diretta breve chiarisce le norme:

> "In quei giorni comparve Giovanni il Battista a predicare nel deserto della Giudea, dicendo: «Convertitevi, perché il regno dei cieli è vicino!»" (Mt 3:1-2).

## 16.3 E-book accessibili attraverso un e-book reader (Kindle, Nook, Sony Reader, Kobo, etc.)

### *In Bibliografia*

Per il riferimento bibliografico non si registrano differenze rilevanti rispetto alle fonti viste fin qui. La norma è la seguente (nel caso della monografia):

> Cognome, Nome. Anno. *Titolo (in corsivo)*, Città: Casa editrice, Kindle (o Nook, Sony, Kobo, etc.) ed.

L'esempio:

> Austen, J. 2007. *Pride and Prejudice*. New York: Penguin Classics. Kindle ed.

### *Nel corpo del testo*

Per le citazioni nel corpo del testo si pone il problema della conoscenza o meno del numero di pagina della corrispondente edizione a stampa. Esistono infatti e-book editi in modo tale da consentire di conoscere questo numero; altri che invece non prevedono questa possibilità. Nel primo caso, la pagina dell'edizione a stampa corrispondente alla citazione diretta o indiretta riportata nel testo *deve essere sempre riferita*.

Nel secondo caso – quello in cui, al contrario, non è prevista dall'edizione e-book la possibilità di ricavare il numero di pagina dell'edizione a stampa corrispondente alla citazione – allora si procede secondo l'esempio seguente.

Si consideri una citazione diretta dal libro di Alberto Angela *I tre giorni di Pompei* in edizione e-book Kindle senza che sia possibile risalire alla pagina corrispondente dell'edizione a stampa. Si avrà:

> In pratica il graduale svuotamento della camera magmatica ha provocato un innalzamento del fondale, che rimane sotto il pelo dell'acqua o addirittura riaffiora in alcuni punti. Dal mare (come afferma Plinio) l'impressione è che una frana abbia riempito il fondale, innalzandone il livello e impedendo alle quadriremi di avvicinarsi (Angela 2014: *L'inutile attesa*).

La norma prevede che, al posto del numero di pagina dell'edizione stampata che non si può conoscere, si mettano capitolo e paragrafo corrispondenti. Nel caso specifico del libro di Angela il passaggio scelto si identifica solo con il capitolo nel quale si trova, quindi è sufficiente segnalare il titolo del capitolo per identificare la citazione. Per completezza il riferimento in Bibliografia ha la forma:

> Angela, A. 2014. *I tre giorni di Pompei*. Milano: RCS, Kindle ed.

## 17 La sitografia

La sezione "Sitografia" compare alla fine del testo e dopo la Bibliografia e si compone dell'elenco di tutti i siti web citati all'interno della ricerca. Si fa presente che non è l'elenco delle fonti web che si trova in Bibliografia insieme alle altre fonti, ma l'elenco dei siti citati.

L'elenco della Sitografia va compilato solo nel caso in cui si siano citati siti web nel proprio testo, altrimenti deve essere omesso.

La Sitografia è costruita riportando la sigla e /o il nome o del sito, una sua brevissima descrizione, la data di accesso a il suo indirizzo web. Di seguito un possibile esempio:

> AAS: Archivio online di tutti i fascicoli degli *Acta Apostolicae Sedis*. *Commentarium officiale semel prodeunt in mense* fin dall'I (1909). Accesso 16.09.2014
> (www.vatican.va/archive/aas/index_sp.htm).

AMI: Sito istituzionale dell'Associazione Avvocati Matrimonialisti Italiani. Accesso 17.11.2014
(www.ami-avvocati.it).
CIJOC: Sito istituzionale della *Coordination Internationale des J.O.C.* Accesso 22.11.2014
(www.cijoc.org; 15.09.2009).
Gi.O.C.: Sito istituzionale della Gioventù Operaia Cristiana. Accesso 15.12.2014
(www.gioc.org; 15.06.2009).

## 18 Alcuni riferimenti bibliografici per l'ASA Style

American Sociological Association. 2010. "Quick Tips for ASA Style." Accesso 18.11.2014
(www.asanet.org/documents/teaching/pdfs/Quick_Tips_for_ASA_Style.pdf).

Biblioteca universitaria di Lugano, a cura di. 2009. *Guida alle citazioni bibliografiche per le Scienze Sociali.* Lugano: Univ. della Svizzera Italiana. Accesso 18.11.2014
(it.bul.sbu.usi.ch/system/ckeditor_assets/attachments/47/guida_citazioni_scienze_sociali.pdf).

E. H. Butler Library and American Sociological Association. 2005. *ASA Style.* Accesso 18.11.2014
(www.buffalostate.edu/library/docs/asa.pdf).

# INDICE

Avvertenze importanti .................................... 3

### Parte I: Il formato del testo

1  Il testo ................................................ 5
2  Il titolo principale del testo .......................... 5
3  I titoli dei capitoli (ove presenti) .................... 5
4  I titoli dei paragrafi .................................. 6
5  Le sezioni finali ....................................... 6
6  Due esempi di indicizzazione di un testo ................ 6
7  Le citazioni ............................................ 8
   7.1  Citazione diretta .................................. 8
   7.2  Citazione indiretta ................................ 9

### Parte II: Il sistema di riferimento citazionale in Bibliografia e nel corpo del testo e la redazione di una Bibliografia

1  Indicazioni iniziali .................................... 10
   1.1  Uso del corsivo .................................... 10
   1.2  La sezione "Sigle e abbreviazioni" ................. 10
2  La monografia di un solo autore o curatore .............. 13
   2.1  Alcune varianti per le citazioni ................... 16
3  Più opere di uno stesso autore o curatore ............... 16
   3.1  Se pubblicate in anni differenti ................... 16
   3.2  Se pubblicate nello stesso anno .................... 17
   4  L'opera ha più autori o curatori ..................... 18
   5  Monografia in più volumi ............................. 19

6   Contributi in opere collettanee e atti di congressi ............   21
7   Articoli su periodici .................................   23
8   Articoli su periodici elettronici ........................   24
9   Articoli da riviste o quotidiani ........................   25
10  Le voci di dizionari ed enciclopedie ....................   26
    10.1  Se sono noti l'autore o gli autori della voce citata .......   27
    10.2  Se non sono noti l'autore o gli autori della voce citata ...   27
    10.3  Se i dizionari e le enciclopedie consultati sono online ....   28
11  Citazioni dei classici ................................   29
    11.1  Opere di cui si conosce l'anno di pubblicazione dell'originale ............................................   29
    11.2  Opere di cui non si conosce l'anno di pubblicazione dell'originale .........................................   30
12  Le fonti online (Internet) .............................   31
    12.1  Sono note tutte le informazioni bibliografiche classiche della fonte online ................................   32
    12.2  Non è noto l'autore, né la data di pubblicazione della fonte   33
13  I documenti del Magistero ecclesiale ...................   34
14  Le opere in lingua diversa da quella del proprio documento ....   40
    14.1  Se esistono le traduzioni a stampa delle opere consultate .   40
    14.2  Se non esistono traduzioni dell'opera nella lingua voluta .   41
    14.3  Opere in alfabeti differenti da quello latino ............   42
15  Enti e Istituzioni come autori e curatori .................   44
16  Alcuni casi particolari di citazioni nel corpo del testo ........   46
    16.1  Riferimenti plurimi ..............................   46
    16.2  I passi biblici ..................................   46
    16.3  E-book accessibili attraverso un e-book reader (Kindle, Nook, Sony Reader, Kobo, etc.) ........................   47
17  La sitografia .......................................   48
18  Alcuni riferimenti bibliografici per l'ASA Style ...........   49

Finito di stampare
nel mese di giugno 2015
presso Mediagraf spa
Noventa Padovana (PD)